Shaanxi Sheng Putong Ganxian Gonglu Yanghu Dazhongxiu Gongcheng

陕西省普通干线公路养护大中修工程

Zhuanyehua Guanli Zhinan

专业化管理指南

陕西省公路局
西安公路研究院 编制

人民交通出版社股份有限公司
China Communications Press Co.,Ltd.

内 容 提 要

本指南主要介绍陕西省普通干线公路养护大中修工程专业化管理,内容主要包括:总则、建设管理、安全管理、技术质量管理、工程招标管理、设计管理、施工保障通行管理、竣(交)工验收管理。

本指南可作为陕西省普通干线公路养护大中修工程管理指南,也可供其他省份公路建设管理、设计及施工人员参考。

图书在版编目(CIP)数据

陕西省普通干线公路养护大中修工程专业化管理指南/陕西省公路局,西安公路研究院编制. —北京:人民交通出版社股份有限公司,2015.7

ISBN 978-7-114-12423-5

Ⅰ.①陕… Ⅱ.①陕… ②西… Ⅲ.①干线公路—公路养护—工程管理—陕西省—指南 Ⅳ.①U418-62

中国版本图书馆 CIP 数据核字(2015)第 173036 号

书　　名:陕西省普通干线公路养护大中修工程专业化管理指南
著 作 者:陕西省公路局　西安公路研究院
责任编辑:刘永超　贾秀珍
出版发行:人民交通出版社股份有限公司
地　　址:(100011)北京市朝阳区安定门外外馆斜街 3 号
网　　址:http://www.ccpress.com.cn
销售电话:(010)59757969,59757973
总 经 销:人民交通出版社股份有限公司发行部
经　　销:各地新华书店
印　　刷:北京市密东印刷有限公司
开　　本:880×1230　1/16
印　　张:2.75
字　　数:60 千
版　　次:2015 年 7 月　第 1 版
印　　次:2015 年 7 月　第 1 次印刷
书　　号:ISBN 978-7-114-12423-5
定　　价:16.00 元

前　言

为加强陕西省普通干线公路养护大中修工程管理，提高养护大中修工程质量和投资效益，使养护大中修工程管理规范化、标准化，按照交通运输部《高速公路施工标准化活动实施方案》的文件精神和陕西省交通运输厅下发的高速公路标准化管理相关要求，在总结陕西省近几年养护大中修工程管理经验的基础上，制订本指南。

本指南的制订和实施，将起到规范养护大中修工程管理行为的作用，促使普通干线公路养护大中修工程有序实施。各参建单位应结合工程特点和自身实际，制订相应的实施方案，以期使工程管理规范化、标准化成为广大交通建设者的共识和努力方向，达到专业的项目管理、规范的施工工艺、标准的作业环境和良好的现场形象。

本指南编写得到了陕西省各市交通运输局和公路管理局的大力支持，在此表示感谢！请各相关单位将本指南实施过程中存在的问题和意见函告西安公路研究院道路养护所（地址：西安市高新区高新六路60号；邮编：710065；电话：029-87827250），以便修订时参考。

编 制 单 位：陕西省公路局　西安公路研究院

主要起草人：朱　钰　王晓琴　胡　薇　刮　竣　张　涛　赵　菲　乔　娟
索书武　杨宪辉　刘　冲　王常青　刘　芸　祝小磊

顾　　　问：王　林　舒　森　景宏伟　李成才

目　　录

1　总则

1.1　编写目的

为加强普通干线公路养护大中修(以下简称养护大中修)工程管理,提高工程质量和投资效益,达到大中修工程管理专业化、标准化和规范化,特制订本指南。

1.2　编写依据

本指南依据交通运输部《高速公路施工标准化活动实施方案》的文件精神和陕西省交通运输厅相关要求,结合陕西省普通干线公路养护实际和陕西省公路局有关规定编写。

1.3　总体目标

养护大中修工程专业化管理的总体目标是:建立科学系统的专业化管理、标准化施工体系,实现养护大中修工程管理精细、施工标准、质量提高、道路通畅、安全生产态势平稳,创建养护大中修精品工程。

1.3.1　养护大中修工程管理职责明确,“政府监督、行业监管、法人负责、社会监理、企业自检、设计监控”六位一体质量保证体系得到广泛落实。

1.3.2　工程的实体质量稳定保持在较高水平,质量抽检单点合格率达到90%以上,关键指标(验评标准中带△号者)合格率达到92%以上,一般指标合格率达到85%以上。

工程质量通病得到有效治理,实现“路面养护大修工程实施后10年不大修,路基养护大修工程实施后10年不大修,路面养护中修工程使用年限不低于4年,路面养护预防类工程使用年限不低于2年”目标。

1.3.3　安全管理制度落实,责任明确,管理科学。施工期间无人员伤亡事故和重大安全事故,一般事故控制在1‰以内。无因工程质量事故和质量问题引发的安全事故。

1.3.4　工程招标管理规范,设计、监理和施工单位具有完成相应养护大中修工程的资质和能力。无因招标出现的投诉和社会不良反应。

1.3.5 工程设计得到充分优化,设计变更符合程序与要求,因设计出现的质量责任得到追究。

1.3.6 平安文明工地建设得到落实,施工期间保畅措施到位,无因施工引起的严重堵车事件发生。

1.3.7 信用评价体系完善,市场监管明显加强,健康、公平、有序的市场竞争机制基本建立;项目管理,勘察设计,施工、监理和检测专业化队伍建设得到加强,从业人员的职业道德和技术素质显著提高。

1.4 适用范围

本指南适用于各市公路管理局辖养的普通干线公路养护大中修工程管理,包括路面大中修、病隧和危桥整治、安保、灾害防治、水毁修复等工程。病隧和危桥整治、安保、灾害防治、水毁修复工程按工程规模分属大修或中修工程。

农村公路养护大中修工程可参照本指南执行。

2 建设管理

2.1 管理职责

养护大中修工程管理遵循“统一领导，分级管理，事权一致”的原则。实行“政府监督、行业监管、法人负责、社会监理、企业自检、设计监控”六位一体质量保证体系。

2.1.1 陕西省公路局养护大中修工程管理职责

（1）履行全省公路养护大中修工程行业监管职能，制订全省公路养护大中修工程管理规章、制度、办法及实施细则。

（2）负责各市交通运输局养护大中修工程建议计划的审查上报及分解下达，根据管理权限审查审批养护大中修工程项目设计。

（3）负责全省公路养护大中修工程招投标活动的监督管理工作，对全省养护大中修工程市场从业单位信用等级进行考核。

（4）监督“六位一体”质量保证体系的建立和责任落实，监督检查公路养护大中修工程质量和计划执行情况，并根据工程质量、进度拨付普通干线公路养护大中修工程资金。

（5）负责组织或参与干线公路养护大中修工程的竣（交）工验收，组织或参与质量事故的调查处理。

（6）指导全省养护大中修工程技术研究开发、应用等工作，推广应用养护大中修工程新技术、新材料、新设备、新工艺，组织全省养护大中修工程技术管理培训。

2.1.2 各市交通运输局养护大中修工程管理职责

（1）履行“六位一体”质量保证体系中的政府监督职能，是辖管普通干线公路养护大中修工程的责任主体，贯彻执行行业养护大中修工程管理规范、标准、办法等。

（2）负责辖管干线公路养护大中修工程建议计划的审核上报及分解下达；审查上报辖管养护大中修工程设计。

（3）负责辖管干线公路养护大中修工程招投标活动的监督管理工作，对辖管养护大中修工程市场从业单位信用等级进行考核。

（4）监督和指导辖管干线公路养护大中修工程“六位一体”质量管理体系的建立和运行，组织或参与公路养护大中修工程质量和计划执行情况月检查。

(5)根据管理权限组织或参与辖区内养护大中修工程竣(交)工验收,组织或参与质量事故的调查处理。

2.1.3 公路质量监督机构养护大中修工程管理职责

(1)普通干线公路养护大中修工程质量监督工作由工程所在市交通运输局质量监督站负责。

(2)监督设计、施工和监理单位在资质允许范围内从事公路养护大中修工程建设的质量情况,对施工和监理单位合同履约情况、施工过程中实体工程质量、原材料质量及试验检测等工作进行监督检查,并对工程质量资料的真实性、完整性、规范性、合法性进行检查,出具质量监督通知书。

(3)负责对竣(交)工验收的养护大中修工程进行工程质量等级鉴定。

(4)对养护大中修工程责任期缺陷修复进行质量监督,参与质量事故的调查处理。

2.1.4 各公路管理局养护大中修工程管理职责

(1)各公路管理局是辖管干线公路养护大中修工程的实施主体,负责辖区内养护大中修工程的组织实施,履行项目法人职能。

(2)负责编制上报辖管养护大中修工程建议计划,招标或委托编制养护大中修工程项目设计。

(3)组织辖管公路养护大中修工程招投标工作。

(4)负责组建养护大中修工程项目管理机构,对辖管干线公路养护大中修工程进行管理,组织公路养护大中修工程项目质量和目标计划执行情况月考核。

(5)建立健全养护资金管理制度,依据合同、养护项目工程进度、质量进行计量支付。

(6)根据管理权限组织或参与养护大中修工程项目竣(交)工验收工作,参与质量事故的调查处理。

(7)建立健全项目档案,对养护大中修工程设计、施工、监理单位信用等级进行考核评价。

(8)负责辖管养护大中修工程技术研究开发、应用等工作,推广应用养护大中修工程新技术、新材料、新设备、新工艺,组织辖区内养护大中修工程技术管理培训。

2.1.5 养护大中修工程项目管理机构工作职责

(1)项目管理机构是项目法人对养护大中修工程项目进行管理的派驻机构,是养护大中修工程项目管理的直接责任人,配备相应素质专职人员,具体履行项目管理职责。

(2)依据有关公路养护大中修工程建设的法律、法规、技术标准、规范和合同文件组织进行施工、监理,对工程质量、进度、费用按相关要求进行控制。

(3)负责养护大中修工程实施路段的安全施工、道路保畅和文明工地建设工作。

(4)负责组织施工、监理单位对工程质量进行评定,并向质监部门申请质量鉴定。

2.2 目标责任

2.2.1 养护大中修工程项目实行各市交通运输局监管下的“项目法人负责制”，项目法人对工程建设负直接负责。

2.2.2 各市交通运输局与各公路管理局、各公路管理局与各项目管理机构均应签订以质量、进度、费用、安全、保畅、廉政为重点内容的养护大中修工程目标责任书，建立逐级目标责任考核制度和项目管理保证金制度，将各项管理责任逐级分解，落实到人，并采取有效措施加强监管，加大目标责任奖罚力度。

2.2.3 养护大中修工程在设计使用年限内实行质量终身负责制。项目管理机构、勘察设计、施工、监理和检测等从业单位和人员，在设计使用年限内对质量负终身责任。

2.2.4 各从业单位要建立覆盖全部工作、全部岗位、全部过程的责任制网络，把质量责任落实到每道工序、每个人员。建立质量责任登记制度和质量责任档案，确保质量责任落实并能追溯到个人。

2.2.5 工程中出现质量事故或由质量问题引起较大不良社会反响时，均应按照管理权限由主管部门、质量监督机构追究相关从业单位和责任人的责任。由于质量责任制不落实或档案资料不全，追究不能落实到个人的，追究单位负责人的责任。

2.3 质量目标策划

2.3.1 质量目标策划要根据“政府监督、行业监管、法人负责、社会监理、企业自检、设计监控”六位一体的各自职责和项目特点开展。根据项目质量预期目标，分解细化目标任务，逐一确定分部工程、分项工程阶段质量标准，对关键工序、特殊工艺、原材料等要提出具体质量控制指标。项目质量预期目标要以行业监管的质量目标为基本目标，不得低于这个基本目标要求进行目标细化分解；项目管理各方的质量目标策划要保持一致，衔接形成一个有机统一的质量目标策划体系。

2.3.2 质量目标策划根据具体工程项目和工程内容针对性制订，要形成书面文件，作为项目开工的一个必要条件，并在施工过程中严格执行。

2.4 法人负责

2.4.1 各公路管理局应认真贯彻全省公路工作会议精神和所签订的目标责任书要求，

按照每年确定的总体质量、进度、费用、安全、保畅、廉政目标，细化分解落实到各个项目、职能部门和每个月、周，采取召开动员会、专项活动、月检查等措施，严格考核和奖惩，确保目标的实现。

2.4.2 各公路管理局要配备一批相应素质的专业管理技术人员，根据工程项目类型、规模、技术复杂程度组建相应的项目管理机构，代表项目法人具体履行项目管理职责，并定期有针对性组织项目管理人员的专业培训，确保项目管理的连续性和专业性。

2.4.3 各公路管理局应按照省公路局《陕西省干线公路养护大中修工程管理工作规程》要求实行项目开工报备制。在项目开工前，将项目质量监督计划书、项目实施方案（应附项目管理人员对应资质条件及项目管理档案）、质量目标策划书、施工保畅方案及各市交通运输局与项目法人、项目法人与项目管理机构签订的目标责任书，中标施工、监理单位的设备及人员履约检查报告向省公路局报备。未进行开工报备或开工报备资料不符合要求的项目，省公路局将不予拨付30%的预付资金。

2.4.4 各公路管理局应对项目管理机构和参建的勘察设计、施工、监理、试验检测单位质量、安全保证体系的建立、运转以及质量责任制的落实等情况进行月检查考核，并现场实测实量，全面掌握实体质量，发现问题及时督促整改，确保质量、安全保证体系健全，运转良好，质量责任制全面落实，工程实体质量全部达到目标要求。

2.4.5 各公路管理局应对各级质量、安全行政主管部门和质量、安全监督机构检查发现的问题及时督促整改，对发生较大问题或存在同类问题长期得不到解决的单位、部门和人员严肃责任追究，并将整改和责任追究情况及时向检查部门报告。

2.4.6 各公路管理局应对各类质量、安全问题的实名举报和社会各界、新闻媒体反映的质量、安全问题进行调查处理。属于责任问题的，应严肃追究相关单位、部门和人员责任，并将调查处理和责任追究情况及时报告省公路局、市交通运输局和质量监督机构，反馈举报人或问题反映单位。

2.4.7 各公路管理局应按照省交通运输厅、省公路局信用评价的有关要求，做好参建单位和人员信用评价工作，对存在问题的单位和人员，严格按照信用评价扣分标准扣分，并按规定时间上报省公路局、市交通运输局和质量监督机构。

2.4.8 各公路管理局要及时将质量监督意见书、公路管理局月检查通报（附各项目管理机构中间工序转换验收、10%独立抽检结果）、工程进度报表等资料报备省公路局，未报备的项目将不予拨付阶段工程资金。

2.4.9　项目管理机构作为项目法人的派出机构，对工程质量负直接管理责任，并实行人员上岗保证金制度。项目管理人员在项目施工期间必须常驻工地，每月不少于25天。

2.4.10　项目管理机构组成及人员资质要求。

（1）项目管理机构设负责人和技术负责人各1名，下设工程部、办公室（兼财务）、质检部或试验室（负责中间检查、工序交验及10%抽检）、安全监察室（兼交通安全保畅），分别行使工程管理、行政事务管理和安全保畅管理、质量管理及廉政监察职责。

（2）项目负责人及技术负责人应具有两个以上同类工程管理经历，工程师及以上技术职称；工程部主要技术人具有一个以上同类工程管理经历，工程师及以上技术职称；设置试验检测人员1名，具有一个以上同类工程管理经历和试验员资格。

2.4.11　项目管理机构应具体确定本项目创优目标，制订有关工程质量、进度、安全生产管理制度办法，全面加强现场管理。

2.4.12　项目管理机构应按照规定的建设工期，合理安排、均衡生产，科学制订施工组织计划，明确施工设备、人员配置，确保各项工程在其最佳季节和最佳时段完成。

（1）养护大中修工程，原则上当年下达计划任务当年完工。路面大中修工程应在9月底前完工，安保、灾害防治、水毁修复工程应在计划下达后4个月内完工。

（2）由于病隧、危桥整治工程的突发性和特殊性，病隧整治和危桥加固工程要在计划下达且施工图批复后6个月内完工。病隧和危桥改建工程应根据工程实际确定合理工期，确保最短时间内完工。

（3）由于计划下达较晚、技术复杂或其他特殊原因当年不能完工的项目，应由项目法人申请对该项目进行结转实施。

2.4.13　项目管理机构在开工前组织勘察设计、监理、施工单位进行技术交底，要维护施工图设计及批复的严肃性，不得随意变更，严格设计管理。

2.4.14　项目管理机构应加强对参建单位的履约管理。按照合同文件规定和创优实际需要，对参建单位人员、设备、资金投入和制度建设、管理以及实体质量、进度、安全生产等全面管理，对达不到合同规定和创优实际需要的责令整改。

2.4.15　对在项目中有普遍意义的（如路面、挡土墙、安保工程等），或容易出现质量问题的工程（如特殊桥梁、特殊地质处理），或有特殊要求的新工序、工艺和施工方法，均应制订详细的、操作性强的施工作业（技术）文件，指导施工。

2.4.16　所有重要的单项工程、重要工序和重要部位、关键施工环节，都必须实行“首件认可制”。

2.4.17 项目管理机构应组织监理、施工单位严格进行中间工序转段验收,未验收或验收存在问题整改不到位的不得进入下一道工序;在施工过程进行不少于10%频率的独立抽检,对存在问题及时整改。

2.5 社会监理

2.5.1 养护大中修工程应选择具有相应资质的监理单位进行工程监理。监理单位和监理人员应按照“监理企业讲品牌、监理人员讲责任”的作风整顿活动要求,强化品牌意识、责任意识,认真贯彻有关监理的各项方针、政策、法规,做好施工监理工作。

2.5.2 按照满足监理需要原则,监理单位应按合同要求配备足够的合格监理人员。一般情况下,路面大修工程配备高级驻地(兼内业)1人,道路工程师2人,试验工程师1人;路面中修、危桥整治、安保、灾害防治及水毁修复等工程配备高级驻地(兼内业)1人,相应专业工程师(其中1人兼试验工程师)2人;并根据现场的施工作业面配备足够的旁站人员,必须保证拌和站和每一工作面现场均有监理员旁站。

2.5.3 主要监理人员必须为本单位在职人员。施工期间主要监理人员不得调换,所有监理人员必须持证上岗。各岗位监理人员资格条件为:大修工程高级驻地应具有两个以上同类工程监理经历,工程师及以上职称,并持有交通运输部颁发的监理工程师资格证书;中修工程高级驻地应具有一个以上同类工程监理经历,工程师及以上职称,并持有交通运输部颁发的监理工程师资格证书;专业工程师应具有一个以上同类工程监理经历,工程师以上职称,并持有交通运输部或陕西省交通运输厅颁发的公路工程监理资格证书,其中试验工程师还应持有交通运输部颁发的相应试验检测工程师证书;旁站监理在专业工程师指导下工作,技术员以上职称,并持有交通运输部或陕西省交通运输厅颁发的公路工程监理资格证书。

2.5.4 监理单位必须按照交通运输部颁发的《公路工程施工监理规范》制订严格的监理制度和监理规程,编制详细的、具有针对性和可操作性的工程项目监理目标策划与监理实施细则。

2.5.5 加强对监理人员的教育、管理,大力提高业务素质和职业道德水平,严格监理程序,加强考核。对考核不合格、没有责任心、徇私舞弊的监理要坚决清退出场。

2.5.6 加强现场监理,加强痕迹管理,正确运用合同手段,严把材料进场关、工序控制关、产品检测关等施工的关键环节,保证对工程重点部位、重点工序的全过程旁站监理,对不合格的工程必须返工重做,不留质量隐患。

2.5.7 严格审查施工组织设计和技术措施，按照公路工程试验规程的规定审查试验方法，审查施工单位的施工工艺、试验数据，批准特殊技术措施和特殊工艺，监督合同中有关质量标准、要求的实施，纠正不符合工程设计要求、施工技术标准的施工行为。

2.5.8 加强对施工单位自检频率的监督，坚持独立抽查，平行独立抽检频率须达到30%以上。对所有工程原材料必须进行验证试验，保证材料规格和质量符合标准要求。对施工单位的击实试验、集料级配试验、混合料配合比试验等标准试验进行平行（对比）校核。施工单位对每道工序自检合格后，必须经监理检测签认。未经监理签认的一律不认可、不支付。凡监理签认的资料，监理工程师应对其真实性负责。对变更设计要严格把关，设计变更经建设单位批准后应纳入监理内容。

2.5.9 监理单位应按规定对施工单位进行信誉评价。评价按公路工程交（竣）工验收的文件规定执行。

2.6 企业自检

2.6.1 养护大中修工程应选择具有相应资质的施工单位进行施工。施工单位对工程质量、安全负主体责任。严格按照合同及规范标准组织施工，落实施工企业质量自检验收体系和质量安全责任制，确保工程质量和安全生产。

2.6.2 施工单位应按《合同文件》规定和本项目总体建设目标要求，保障各个阶段人员、机械设备和费用投入，对项目管理机构、监理提出的不称职的管理人员和技术人员，应及时更换。更换到场的管理、技术人员资质不能低于合同规定的要求，并具有承担该岗位工作的能力。关键岗位人员和特殊工种，必须持证上岗。

主要管理人员资质要求：项目经理应具有两个以上同类工程施工管理经历，工程师及以上职称，并具有二级建造师及以上资质和安全生产考核合格证书；项目总工或技术负责人应具有两个及以上同类工程施工管理经历，工程师及以上职称；项目主要技术人员应具有一个以上同类工程管理经历，工程师及以上职称；其他现场技术人员应具有一个以上同类工程管理经历，技术员及以上职称；试验室负责人应具有两个以上同类工程管理经验，并持有交通运输部颁发的试验检测工程师证书。

2.6.3 根据项目管理机构的质量目标，确定各分部、分项工程具体的质量目标，并明确合格率和技术指标要求。对不同工程类型提出规范性的施工规程和关键工序施工工艺要求，并使参加工程的全体人员明确设计意图，明确工程施工技术标准及操作细则，明确工程的质量目标。

2.6.4 建立独立的工地临时试验室。临时工地试验室检测试验环境和仪器应满足所开展的检测项目要求,仪器配置先进、调控精确并按要求及时标定。临时试验室应具备独立完成工地试验检测的能力,应取得市公路工程质量监督站的临时认证。

2.6.5 施工单位加强施工过程中的自检工作,自检频率必须达到100%。必须按照工程设计图纸和施工技术规范、标准施工,严禁偷工减料;对建筑材料、构配件、设备进行检验,未经检验或检验不合格的不得使用;建立工班组之间工序交接签认制度,对已完成的每道工序和每项工程应当及时报告监理工程师检查签认。未经监理工程师批准,不得进行工序交接与工序转换;按照合同要求严格执行监理指令,对施工中的工程缺陷应按监理工程师的指令进行修复或返工。通过原材料控制,各工序严格规范实施,自检体系及时纠错,确保各工序质量目标实现。

2.6.6 重视工程质量通病的研究和治理。根据承担项目的特点,专项制订质量通病预控措施,并应取得监理工程师的同意,在施工过程中得到切实落实。

2.6.7 施工中应注重环境保护。要制订防空气污染、噪声污染和水污染的具体措施。对固体废弃物处置应符合环保要求,弃土应按设计集中堆放并对弃土场进行防护。

2.7 设计监控

2.7.1 设计单位应按相关规范要求和合同规定按时提交设计文件,要确保设计内容及工程量的真实性、设计方案的针对性。

2.7.2 开工前,设计单位应做好设计文件的技术交底工作。

2.7.3 设计单位应派驻设计代表常驻工地,监督设计执行情况,全过程服务于现场施工。设计变更必须经设计单位签认后才能实施。

2.8 质量监督

2.8.1 各市公路交通工程质量监督站对工程质量和安全生产依法进行监督管理,监督按各级交通管理部门制定的相关文件和规定进行。

2.8.2 各市公路交通工程质量监督站接到各项目质量监督申请后,要针对养护大中修工程实施的实际特点,制订操作性强、切实可行的养护大中修工程监督工作计划。针对项目隐蔽实体工程和外部实体工程施工时间分别安排检查,原则上路面中修工程的监督检查不少于1次,路面大修工程的监督检查不少于3次,病隧和危桥整治、安保、灾害防治、水毁修复等工程的监督检查不少于2次。

2.8.3 对养护大中修工程的各项指标严格进行抽检，加大对实体质量的检测；每次监督检查都应形成书面文件下发各项目法人，并抄送省公路局。对监督发现的问题应督促各项目管理、监理、施工单位限期改正，并检查回访，确认发现问题得到改正，预防同类问题再次发生。

2.8.4 严格按照公路工程质量检验评定标准，对竣（交）工验收的养护大中修工程进行工程质量等级鉴定。

2.9 省公路局检查考核

2.9.1 省公路局将根据全省每年养护大中修工程项目的规模、性质及进展情况，组织相关专家和专业检测单位进行不少于2次的工程检查，并针对性进行质量抽检。

2.9.2 省公路局工程检查一般分为两个阶段进行检查。

第一阶段检查时间一般在工程项目开工1个月内，主要检查工程建设程序、"六位一体"质量保证体系及其运转和各级质量目标策划的制订、施工和监理单位进场履约、拌和场地建设、工地试验室建设及开工初期项目管理及施工过程内业资料等，并对原材料进行抽检。

第二阶段检查时间一般在工程项目开工1个月至项目主体工程完工期间，主要检查"六位一体"质量保证体系及其运转和各级质量目标策划的落实、现场施工工艺、关键工序、文明工地建设、施工保畅、项目管理及施工过程内业资料等，并根据现场检查发现问题和质量薄弱环节有针对性地对项目原材料和实体工程质量进行抽检。

2.9.3 省公路局每次工程检查将在全省公路交通系统内通报，要求各项目对存在问题限期整改，并上报整改情况。省公路局工程检查情况作为各市每年目标责任考评的一项重要内容，并和工程资金的拨付及次年养护工程计划挂钩。

2.10 信用评价

2.10.1 参照陕西省交通运输厅关于《印发〈陕西省公路建设市场信用信息管理实施细则（试行）〉和〈陕西省公路施工企业信用评价实施细则（试行）〉的通知》（陕交发〔2010〕89号）精神，对参与养护工程的从业单位和从业人员纳入建设市场信用信息管理。

2.10.2 公路从业单位信用评价等级分为AA、A、B、C、D五个等级，分别为：AA级信用好；A级信用较好；B级信用一般；C级信用较差；D级信用差。

2.10.3 施工单位的信用评价。

(1)公路养护施工单位信用评价内容由投标行为、履约行为和其他行为构成三部分组成。

(2)投标行为以公路养护施工企业单次投标为评价单位。招标人完成每次招标工作后,仅对存在不良投标行为的公路施工企业进行投标行为评价。

(3)履约行为以单个施工合同段为评价单元。项目法人和项目管理机构对每个施工合同段1次计算施工企业履约行为得分。

(4)其他行为评价。省公路局、各市交通运输局、各公路管理局及省、市公路交通工程质量监督站对公路养护施工单位其他行为进行评价,在施工单位评价总分基础上扣分。对施工标准化检查中存在的问题进行通报,扣分标准如下:

①省公路局通报每次扣3分;

②厅质监站通报每次扣3分;

③市交通运输局通报每次扣2分;

④市公路交通工程质量监督站通报每次扣2分;

⑤各公路管理局通报每次扣2分;

⑥被举报经查实存在一般质量问题、安全隐患,扣2分。

2.10.4 监理单位信用评价。

养护大中修工程从业的监理单位信用评价采取扣分制,由省公路局、各市交通运输局、各公路管理局及省、市公路交通工程质量监督站评价,以及监理单位自评组成。被省公路局或市质量监督机构或相关部门通报批评的,扣5分/次。

2.10.5 设计单位信用评价。

养护大中修工程从业的设计单位信用评价采取扣分制,由省公路局、各市交通运输局、各公路管理局及省、市公路交通工程质量监督站评价。被省公路局或市质量监督机构或相关部门通报批评的,扣5分/次。

2.10.6 对信用好的养护施工、监理、设计从业单位在参与投标数量、资格审查、信用加分等方面给予优惠和奖励,对信用等级低和不良行为较多的从业单位提出限制条件。养护从业单位的信用评价由省公路局每年至少通报1次。

3 安全管理

3.1 管理内容

3.1.1 安全管理坚持“安全第一、预防为主、综合治理”方针。

3.1.2 安全管理贯彻落实国家有关安全生产方面的法律法规、制度和标准，结合养护大中修工程边施工、边通车的特点，制订管理制度，落实安全责任。

3.1.3 加强安全教育，提高安全意识，完善安全措施，杜绝重大安全事故发生。

3.2 安全组织管理

3.2.1 项目法人及其组建的项目管理机构应建立包括所有参建单位、人员参加的安全保障体系。在招标时要对从业单位安全生产条件、信用、保障措施提出明确要求，选择安全条件合格的从业单位。

3.2.2 建立安全生产责任制度，责任到人，层层签订安全生产责任书。项目管理机构应根据国家及各级政府有关安全生产的政策与要求，从安全组织管理、场地与设施管理、行为控制和安全技术管理四个方面制订安全管理制度，明确各参建单位及相关人员的安全责任，提出安全生产的具体要求与措施。安全责任应具备可追溯性。

3.2.3 设计单位要认真执行工程建设强制性标准，杜绝因设计不合理引起的安全隐患或事故。

3.2.4 施工单位必须取得安全生产许可证，专职安全生产管理人员必须取得交通主管部门颁发的安全生产考核合格证书，安全员应持证上岗。

3.2.5 监理单位必须编制安全监理计划，明确监理人员安全职责，审查施工单位安全技术措施和专项施工方案，检查隐患并督促整改，填写安全监理日志和监理月报。

3.2.6 建设、施工单位必须结合工程特点制订生产安全事故应急救援预案,应急救援预案要有针对性和可操作性,必要时应组织演练。

3.3 场地与设施管理

3.3.1 所有的施工场地、拌和场、预制场和其他场地必须经有关单位安全验收合格后,才允许开工和使用。

3.3.2 对于安全因素影响较大的设备,如起重机械、塔吊、架桥机等设施设备,应组织有关单位进行验收,验收合格后方可使用。

3.3.3 施工单位必须在存在危险因素的场所、设施、设备上或其附近设置明显的安全警示标志,做好安全防护设施。

3.3.4 施工现场、特别是具开山炸石与桥梁架设等危险性较大的施工场地,必须设置安全员负责安全管理事宜。

3.3.5 施工路段应按照相关规范要求设立施工标志,限制行车速度,应有不小于100m的预告距离,专人负责交通安全与保畅。

3.3.6 多级边坡开挖施工时,应开挖一级防护一级,不得一挖到底再进行防护。风化泥页岩、千枚岩或膨胀土边坡开挖后,要及时护砌封闭,做好排水设施,防止坍塌。

3.3.7 桥梁施工危险因素多,施工前要对各种危险源认真进行辨识和评估,有针对性地采取措施预防事故发生。

3.3.8 在河道进行基础作业时,必须将工棚、物资、设备安置在安全水位以上,防止因洪水引起的安全事故。

3.3.9 墩柱施工时要认真做好脚手架搭设和安全网布设,墩身高于30m的连续刚构桥梁施工时必须安装电梯。

3.3.10 高处作业人员必须通过安全通道上下作业面,严禁使用吊运物资的设备吊运作业人员。高处作业时必须牢系安全带。

3.4　行为控制管理

3.4.1　树立安全管理重在控制的思想。要结合各具体工程特点，制订安全生产操作规程。施工单位对具危险的作业行为，应编制安全作业指导文件并组织检查落实。应禁止在陡立土石方的下方开挖，禁止在起重机、架桥机下行走，禁止在摊铺机、装载机的不适宜部位站立指挥。

3.4.2　建设、施工、监理单位要建立消防安全责任制度，确定消防安全责任人，制订用火、用电、使用易燃易爆材料等各项消防安全管理制度和操作规程，配备消防设施和灭火器材。

3.4.3　施工单位应检查每个作业班的安全作业情况。监理单位应随时检查安全作业并及时纠正非安全作业行为。建设单位每月不少于两次检查安全生产情况。

3.5　安全技术管理

3.5.1　施工单位应建立安全教育培训制度，对管理人员和从业人员每年至少进行两次安全教育培训。

3.5.2　所有的设备操作手都必须经过培训。拌和设备、摊铺设备、塔吊等技术性强的操作手应持有特种作业操作证，应具备安全上岗证。

3.6　安全管理的有关规定

3.6.1　坚持管生产同时管安全的原则。各单位主要领导是安全生产的第一负责人，各施工(管理)人员是安全生产直接责任人。

3.6.2　贯彻预防为主的方针。在项目建设过程中，应结合各分项工程的施工特点，对生产因素采取管理措施，有效地控制不安全因素的发展与扩大，把可能发生的事故消灭在萌芽状态。

3.6.3　坚持“全员、全过程、全方位、全天候”的四全动态安全管理。要将安全管理贯穿于生产活动的方方面面，贯穿于从开工到竣工交付的全部生产过程，贯穿于全部的生产时间，贯穿于一切变化着的生产因素。

4 技术质量管理

4.1 一般规定

4.1.1 养护大中修工程质量保证体系各方应加强项目全过程的监督、检查。要结合各自质量目标策划书的执行,以人员设备履约、原材料进场、配合比设计、试验检测、关键工艺质量通病检查、工序验收转换等环节为重点,加强质量管理。

4.1.2 质量管理包括:制订质量方针、目标及质量目标策划、质量控制、质量保证和质量改进。质量管理的核心是进行过程控制。

4.1.3 施工单位应按合同文件与影响工程质量的人、机(设备)、料、法(施工工艺)、环(作业环境)五大因素配备资源,在适宜的施工环境中按规定的作业方法组织施工。

4.2 影响质量因素的基本要求

4.2.1 人员

(1)参加养护大中修工程设计、监理、施工的单位应具备相应的从业资质。养护大中修工程的参建单位应根据合同要求配备各类人员(包括管理人员、技术人员和熟练技术工人),合同要求人员不得低于省公路局相关规定和本指南要求。

(2)建立健全教育培训制度,加强对施工人员的业务培训,提高质量与安全意识、责任意识、技术操作水平、职业道德和思想素质。专业人员应按有关要求做到持证上岗。

4.2.2 设备

1)施工设备

(1)路基和路面每个作业面配备的施工设备应满足表4.2.2-1的要求。

(2)沥青混合料应在拌和站集中拌制,拌和站的最大辐射半径按50km控制。一个沥青混凝土拌和站的设备按表4.2.2-2配备。

表 4.2.2-1 公路养护大中修工程每个作业面主要设备配备表

序号	工作内容	设备名称及规格	数量(台、辆或套)	备 注
1	路基工程	静载或振动压路机	1	静载:20t,振动:激振力不小于 260kN
		羊足碾	1	工程量小时可不配备
		挖掘机	1	
		小型振动压路机	1	
2	沥青混凝土路面	ABG423 型摊铺机或效能一致的摊铺机	1	
		不低于 12t 的双钢轮压路机	2	
		不低于 25t 的胶轮压路机	1	
3	稳定类路面基层	ABG423 型摊铺机或效能一致的摊铺机	1	
		不低于 20t 的单钢轮压路机	2	
		不低于 12t 的双钢轮压路机	1	
		不低于 25t 的胶轮压路机	1	
4	就地冷再生基层	WR2500S 型或效能一致的冷再生设备	1	
		180kW 以上平地机	2	
		不低于 25t 的胶轮压路机	1	
		20t 及以上凸块式压路机	1	
		不低于 20t 单钢轮压路机	1	
5	同步碎石封层	同步碎石洒布车	1	
		不低于 25t 的胶轮压路机	1	
6	水泥混凝土路面	三辊轴水泥混凝土摊铺机机组	1	
		平板振动器	2	
		插入式混凝土振动器	5	
7	辅助设备	推土机		可根据工程规模配备
		洒水车		
		50 型装载机		

表 4.2.2-2　一个沥青混凝土拌和站主要设备配备表

序号	设备名称及规格	单位	数量	备　注
1	2000 型及以上间歇式沥青混凝土拌和设备	套	1	自动计量，至少 5 个进料仓和 5 个热料仓
2	50 型装载机	台	2	
3	15t 及以上运输车辆	辆	—	以满足摊铺机连续作业为准配备

(3)基层混合料应在拌和站集中拌制，水泥稳定类基层按水泥初凝时间内碾压完成合理设置拌和站位置。一个基层拌和站的设备按表 4.2.2-3 配备。

表 4.2.2-3　一个基层拌和站主要设备配备表

序号	设备名称及规格	单位	数量	备　注
1	300t/h 以上电子自动计量强制式稳定土厂拌机	套	1	连续式，电子自动计量，料仓水稳碎石基层不少于 5 个、二灰碎石基层不少于 6 个
2	50 型装载机	台	2	
3	15t 及以上运输车辆	辆	—	以满足摊铺机连续作业为准配备

(4)水泥混凝土拌和物应尽可能在拌和站集中拌制，拌和站的最大辐射半径按 50km 控制。一个水泥混凝土拌和站的设备按表 4.2.2-4 配备。

表 4.2.2-4　一个水泥混凝土拌和站主要设备配备表

序号	设备名称及规格	单位	数量	备　注
1	500 型及以上强制式拌和设备，自动计量	套	1	
2	50 型装载机	台	1	
3	水泥混凝土罐车	辆	—	
4	15t 及以上运输车辆	辆	—	运距 10km 以内可用

(5)危桥整治、安保工程、灾害防治及水毁修复因工程而异，届时按工程实际配备设备。

2)试验与检测设备按表 4.2.2-5 配备。

表 4.2.2-5　试验检测设备配备表

序号	类　别	仪 器 设 备
1	沥青混合料	沥青混合料拌和机、马歇尔自动击实仪、浸水天平、烘箱、马歇尔稳定度仪、恒温水槽、最大理论密度测定仪
2	水泥	电子天平、水泥净浆搅拌机、水泥标准稠度仪、雷氏夹、煮沸箱、水泥胶砂搅拌机、水泥胶砂振实台、标准恒温恒湿养护箱、电动抗折试验机、压力机、负压筛析仪

续上表

序号	类　别	仪器设备
3	水泥混凝土	标准养护室、水泥混凝土搅拌机、水泥混凝土标准振动台、压力机、抗折试验夹具、坍落度筒、容量筒、烘箱、比重计、试验筛
4	钢筋	万能材料试验机、游标卡尺
5	道路工程	环刀、灌砂筒、取芯机、弯沉测试设备、平整度测试设备、摩擦系数测试设备、路面渗水仪

4.2.3　材料

1)原材料质量控制

原材料使用中一般应进行3次检验(试验),即采购前的料源处检验,进货检验和(储存对性能影响大的材料,如水泥、石灰等)使用前的检验。其中水泥无论储存条件如何,进场超过3个月者都必须进行试验重新确定强度等级与性能。

2)材料储存

水泥应覆盖、与地面隔离储存;集料应堆放于水泥混凝土硬化的场地;石灰、粉煤灰应覆盖防水;沥青应罐装储存,不应长期暴晒。

3)材料关键指标控制

(1)沥青的三大指标(软化点、针入度和延度)及PI值、60℃动力黏度和薄膜加热后耐老化性能必须进行试验。

(2)水泥的强度等级、安定性这两个关键指标必须合格。水泥必须有富余强度,富余系数按1.13控制。

(3)粗集料应控制最大粒径与级配。沥青路面用粗集料应控制0.6mm以下部分细粉的通过量,减少最大粒径附近的用量,使中等集料较多,形成S曲线。路面基层用粗集料最大粒径(圆孔筛)不得超过基层厚度的1/4与规范规定,使基层材料趋于均衡。

(4)细集料应控制细度模数与含泥量。其控制指标按使用部位的技术要求执行。

(5)施工配合比中所用各种料必须符合设计要求。结合料(水泥、沥青、石灰、粉煤灰等)应符合设计采用的规格、型号和强度等级;控制各种材料的组分比例。

(6)外加剂应采购国家注册的生产厂家的产品,不得使用复配厂商的产品。

4.2.4　施工工艺

(1)施工应严格按照部颁有关技术规范及《陕西省普通干线公路路面大中修工程标准化施工指南》中的施工工艺要求进行,杜绝粗制滥造。

(2)对关键工艺质量控制标准及质量通病处治措施明确细化,编写必要的施工作业指导文件。

(3)施工工艺的有关要求:

①路基石方工程不准采用硐室爆破,控制中型爆破,靠近边坡处应采用光面爆破和预

裂爆破。

②土方应自上而下机械开挖，预留刷坡宽度（以工艺水平状况，预留20～40cm）。不准人工在陡立土方下部掏挖。

③路面工程应采用机拌机铺，杜绝路拌法施工。

④石方砌体工程应采用坐浆法施工，杜绝灌浆法施工。

⑤水泥混凝土工程应分层摊铺振捣，不得漏振和超振。

4.2.5 施工环境

（1）养护大中修工程施工中应关注施工季节温度变化，在适宜的环境中施工。

（2）水泥混凝土施工要求环境温度在5～32℃之间。

（3）路面稳定类（底）基层施工要求春末夏初组织施工，环境温度不应低于5℃，并应在第一次重冰冻（-3～-5℃）到来前1个月（水泥稳定类）到一个半月（石灰、粉煤灰稳定类）完成。

（4）沥青混凝土路面铺筑的地面最低温度应不低于10℃。施工中要求的材料加热温度、出料温度、摊铺温度、碾压温度等温度条件必须满足规范要求，不满足时应停止施工。

（5）水泥混凝土路面宜在温度略高于5℃时进行，夏季施工时中午高温时段应停止施工。

（6）路面稳定类基层和水泥混凝土工程（含水泥混凝土路面）应保湿养生。保湿宜采用土工布覆盖洒水。

（7）施工环境不适宜而必须施工的抢修工程（如水毁修复工程），应人为创造适宜的环境条件后方可施工。冬期施工的混凝土工程可采用温水拌和、加热混凝土界面和施工现场的方法改善作业环境条件。稳定类路面基层和沥青路面冬期应停止施工。

4.3 过程控制

4.3.1 施工过程的检测项目与频度控制

施工应按照交通运输部现行施工技术规范和合同技术规范规定的项目和频率对工程原材料及工程实体等进行100%自检；监理单位加强对施工单位自检频率的监督，平行独立抽检频率不少于30%；项目管理机构加强项目检查考核，独立抽检频率不少于10%。

4.3.2 过程能力的验证

加强施工过程中对原材料、混合料的试验检测。项目管理机构及监理单位在施工单位进场后，应督促提早进行施工配合比设计，严禁直接采用设计配合比和“经验”配合比代替施工配合比；项目管理机构及监理单位应对施工单位配合比设计进行平行验证。施工配合比应科学指导施工，应结合料源及天气变化及时调整。各类拌和设备必须严格按照施工配合比组织生产，生产设备要稳定、计量准确。

只有过程能力验证合格的施工单位才允许开工。

4.3.3 工序转换的要求

项目管理机构或监理单位根据工程进度和合同规定,在旧路病害处治和基层、封层、面层每一分项或单项工程完工后,及时组织相关单位或部门进行验收,进行工序转换。对质量缺陷应及时处理,不合格工程应返工重做。

在进行下一道工序前,应保证以下工作已完成:

(1)前道工序(分项工程)的缺陷已经修复或返工,检验合格并已确认;

(2)后道工序(分项工程)准备工作已就绪,人员、设备、材料、技术等已满足工序进行要求。

(3)后道工序开工申请已取得监理工程师的批准。

4.3.4 不合格品的控制

(1)在过程中应对不合格材料和产品进行控制。不合格材料应隔离后废弃或降级使用。降级使用的不合格材料应进行相关试验并经监理批准。不合格产品修复难度大或修复后仍存在缺陷的,应予废弃。

(2)纠正措施的制订按影响程度分别由项目管理机构、监理或承包人制订。属于系统性的质量问题,由项目管理单位制订纠正措施;各标段的质量问题由监理或承包人制订。

(3)对已采用的、证明行之有效的纠正措施应尽量推广到用来消除其他类似的过程和不合格产品的控制。

4.3.5 文件控制

施工过程所用的质量文件,在发布前应进行审阅、批准,确保其充分性和适宜性,进行有效控制。项目进行过程采用的质量文件须符合现行技术标准、技术规范和规程的最新版本。

4.3.6 质量记录

质量活动应有过程质量记录。质量记录以书面记录为主,其他媒体记录为辅。质量记录的标识、收集、编目、查阅、归档、储存、保管、收回和处理应有具体的规定。

4.4 有关技术管理要求

4.4.1 路基工程

(1)因湿软造成路基路面病害的,应进行软基处理。

①对于细粒土含水率超过液限、处于流塑或流动状态的地段,可采用抛(片)石挤淤的方法处理。处理厚度以片石冒出淤泥不小于10cm为度。

②对于路基含水率略大于塑限的过湿地段，可采用手摆片石隔离毛细水。手摆片石上部应采用砂砾、碎石类颗粒材料嵌缝与填充。

③对于含水率小于塑限的一般过湿地段，可采用砂砾（碎石）换填或砂砾（碎石）换填、与土工布（土工膜）隔离综合处理方案。

（2）新旧路基的搭接按台阶方式处理。台阶宽度不应小于200cm。搭接界面应进行修整，使之成为直线，不得呈弯月或小折线状。对于干燥（含水率小于最佳含水率5%及以上）的旧路基，应在施工前洒水预湿，滋润界面。

（3）修补路基缺口及小面积（路线长度 <20m）路基时，压实度应采用同级公路路床的压实度标准。

（4）特殊边坡要“一坡一图，一坡一景”，并由设计单位提供稳定性验算书及施工要求。

4.4.2 路面工程

（1）沥青混合料配合比设计实行联评制度，由项目管理机构组织。配合比试验必须做平行试验，各试验机构必须统一材料、统一试验条件、统一试验方法，使试验数据具有可比性。

（2）加强原材料质量控制，严格实行原材料准入制度。

（3）基层（底基层）试件成型方法应采用振动成型法，水泥稳定碎石基层（底基层）可掺加粉煤灰改善性能。基层（底基层）必须采用覆盖土工布养生，养生时间不少于7d。

（4）桥梁沥青混凝土铺装层施工前，应对桥面水泥混凝土铺装层进行凿毛（铣刨）处理和粉尘清理。

4.4.3 桥梁及附属物工程

（1）桥梁工程施工应在现行施工技术规范要求的作业环境条件下按规定作业方法进行。

（2）桥梁混凝土应保湿养生，保湿养生采用土工布或5cm厚海绵（桥面混凝土或伸缩缝混凝土）饱水养生。

（3）跨径大于等于30m的桥梁应采用真空压浆。

4.4.4 抗滑桩

要间隔分节开挖，节高0.6～2.0m，每节开挖完成后立即进行护壁施工；护壁的钢筋于孔内绑扎，就地灌注混凝土，在围岩松软破碎和有滑动面的节段，要在护壁内顺滑坡方向用临时支撑加强支护，并注意观察受力情况，及时进行加固。

4.4.5 安保工程

安保工程应根据项目实际设置。在长度超过最小范围（一级和高速公路72m，二级公路48m，三级和四级公路28m）时，应尽可能采用波形梁钢板护栏。

4.5 工地试验室

4.5.1 施工单位和监理单位必须分别建立独立的工地临时试验室,制订规范的工作管理制度,严禁共用试验检测数据。小型工程经业主同意,也可以使用业主指定的试验室。工地试验室的母体试验检测机构应具备综合乙级资质。

4.5.2 试验室的基本要求。

(1)试验室仪器设备摆放位置合理、整齐。

(2)各类规章制度、操作规程上墙。

(3)试验室使用面积必须符合要求。

(4)试验检测标准、规范、规程等技术文件齐全且现行有效。

4.5.3 试验室的温湿度环境要求。

试验室的温湿度环境要求如表4.5.3所示。

表4.5.3 试验室温湿度要求

功能室	温度	湿度
力学室	20~-30℃	≤75%
化学室	15~-25℃	≤85%
水泥室	20℃±2℃	≥50%
标养室	20℃±2℃	≥95%
养护箱	20℃±1℃	≥90%
混凝土室	20℃±5℃	≥50%

4.5.4 工地试验室检测试验环境和仪器应满足所开展的检测项目要求,仪器配置先进、调控精确并按要求周期及时标定。

4.5.5 工地试验人员必须持证上岗。试验室负责人应具有交通运输部颁发的试验检测工程师证书及两个以上同类工程管理经验,试验人员应具有交通运输部颁发的试验检测员证书及一个同类工程试验经验。对相应专业大专院校毕业、尚未取得证书的人员可以进行试验检测,但其试验检测结果须取得具有资质人员的认定。

4.5.6 工地试验室应对工地所用原材料、构件、产品等进行试验检测;对构造物混凝土、砂浆及路基、路面各结构层的标准试验、标准配比等提供有关数据、报告(标准试验和标准配比可委托有资质单位进行);试验检测人员要依据试验数据积极参与施工现场质量控制和工程的质量检查验收工作,发现问题及时纠正或返工处理。

5 工程招标管理

5.1 招标主体与招标范围

(1)养护大中修工程招标由各市公路管理局或组建的项目管理机构进行,并接受陕西省公路局及各市交通运输局的监督和业务指导。招标内容包括设计招标、监理招标和施工招标。

(2)招标按交通运输部及陕西省交通运输厅的有关规定进行。

(3)各市公路管理局可自行组织招标或委托具有相应资格的代理机构组织招标。自行组织招标的招标人或招标代理机构应具备下列条件:

①具有与招标项目相适应的工程管理、造价管理、财务管理的能力;

②有组织编制养护大中修工程施工招标文件和标底的能力;

③有对投标人进行资格审查和组织评标的能力。

5.2 设计招标

5.2.1 公路养护大中修工程勘察设计单项合同费用估算价在50万元以上,或项目投资总额在3 000万元以上的养护大中修工程,应由项目业主按照《公路工程勘察设计招标投标管理办法》组织招标。公路抢险或因突发事件、战备需要等安排的特殊项目可采取邀请招标方式确定勘察设计单位。

5.2.2 养护大中修工程设计应由具有相应资质的设计单位承担。

(1)水毁修复工程、二级以上路面养护大中修工程勘察设计单位应具备公路工程勘察、设计乙级及以上资质。

(2)三、四级路面养护大中修、预防性养护、安保工程勘察设计单位应具备公路工程勘察、设计丙级及以上资质。

(3)危桥及病隧整治工程、地质灾害防治工程勘察设计单位应具备公路工程勘察、设计甲级资质。

(4)对技术较为复杂的养护大中修工程应适当提高设计单位的资质要求。

5.3 监理招标

5.3.1 工程监理单项合同费用估算价在50万元以上,或项目投资总额在3 000万元以上的养护大中修工程应组织工程监理招标。

5.3.2 路面大修及病隧和危桥整治、灾害防治工程的监理单位应具有公路工程监理乙级以上资质证书,路面中修及水毁修复工程、安保工程的监理单位应具有公路工程监理丙级以上资质。

5.4 施工招标

5.4.1 投资额在200万元以上的养护大中修工程项目应按照《陕西省公路养护大中修工程施工招投标管理办法》(试行)的要求组织施工招标。

5.4.2 公路养护大中修工程招标可采取公开招标、邀请招标两种形式。对于施工规模较小、有特殊技术要求、工期特别紧等不适宜公开招标的养护大中修工程,经省或市交通主管部门批准,可进行邀请招标。邀请的投标人不得少于3个。

5.4.3 招标工作严格按照国家和我省有关规定执行,依法接受监督。要实行阳光招标,加大社会监督力度。对前三名中标候选人进行公示,接受社会监督。

5.4.4 项目法人应在投标人须知中明确要求投标人同时提供法人代表和其纪检部门负责人签署的“诚信承诺书”,明确承诺不围标、串标,不出借企业资质。

5.4.5 养护大中修工程施工单位投标申请人必须具备独立法人资格,相应具有陕西省交通运输厅颁发的公路养护工程施工从业资质。大型、特大型桥梁和长、特长隧道以及特殊复杂结构的桥隧构造物大中修工程施工单位应具有公路养护工程一类资质;一级公路的路基、路面、中小桥、涵洞、中短隧道、绿化及沿线设施(不含监控、通信、收费管理系统)等的大中修工程施工单位应具有公路养护工程二类甲级资质;二级及以下等级公路的路基、路面、中小桥、涵洞、中短隧道、绿化及沿线设施(不含监控、通信、收费管理系统)等的大中修工程施工单位应具有公路养护工程二类乙级及以上资质,并在人员、设备、资金、施工业绩等方面具备相应养护大中修工程的施工能力。

5.4.6 各公路管理局要加强施工单位的资格审查工作,认真监督施工合同的履行,严禁违法转包或违规分包工程。

5.5 招标管理其他要求

5.5.1 符合招标条件的施工、监理、勘察设计招标公告，由各市交通运输局审核，省公路局核准后方可发布。招标公告核准后，招标人应在省发改委指定的媒体和陕西省公路信息网发布招标公告。

5.5.2 大中修工程资格预审文件和招标文件由项目法人报市交通运输局备案审查，主要对评标标准和方法、主要合同条款设置、强制性最低条件、主要技术指标等方面是否符合有关法规和技术标准提出意见反馈招标人。

5.5.3 养护大中修工程评标专家抽取和评标监督工作遵循“分级负责，回避保密”原则。评标专家由各市交通运输局抽取(利用省公路局养建工程评标专家库)，评标全过程由市交通运输局专业部门和纪检部门负责监督，省公路局进行抽查。

5.5.4 招标评标结束后，项目法人应及时将评标报告送市交通运输局备案，招标结果在陕西省公路信息网上公示。

6 设计管理

养护大中修工程勘察设计管理分为设计招标、勘察设计、审查批复、服务与监控、质量评估五个阶段。

6.1 设计招标

养护大中修工程勘察设计由项目业主依据计划下达批次按同线路或就近原则对工程内容进行分类打包，满足招标要求的应通过招标方式确定勘察设计单位。养护大中修工程设计委托或招标时，委托书或招标文件要明确设计单位的职责和要求。设计单位应按照委托书或招标文件，依据规范及交通管理部门相关文件的要求，进行勘察设计和编制设计文件。具体招标要求见5.2设计招标。

6.2 勘察设计

勘察设计文件必须贯彻执行国家有关法律法规、规章制度，严格执行公路养护工程有关标准、规范、办法和规程，并积极采用新技术、新设备、新材料、新工艺，重视环境保护。

6.2.1 路面大中修工程及技术复杂的水毁修复工程、灾害防治工程、危桥改造工程应进行前期方案设计，前期方案设计经审查后方可开展施工图设计。

6.2.2 路面大中修工程以提高公路整体技术状况为目标，原则上不提高旧路标准。路线纵面根据补强层厚度及排水需要进行局部微调；路基设计以恢复原有功能和完善排水系统为主，边坡防护应与周边环境相协调；路面设计应突出点病害处理，根据测定的弯沉、路面破损、行驶质量、抗滑性能及交通量构成等指标，结合取芯和挖探，有针对性地确定处治方案；桥涵隧道以修缮为主；交通工程及沿线设施以补充利用为主；沿线绿化以补植恢复为主。

6.2.3 水毁修复工程以恢复并适当提高原有路基防洪能力，修复受损路基路面为主。路基防护设计中浸水挡土墙基础常水位以上1m范围内应采用片石混凝土，挡土墙基底基岩出露且呈不规则斜面的应开凿台阶、增设锚固钢筋，挡土墙墙身高度大于8m的应进行验算；路基设计中新旧路基应采用挖台阶方式搭接，搭接宽度不小于1m；沥青路面面层冲毁小于半幅的按半幅进行修复，大于半幅的按全幅进行修复；新建桥涵跨径应充分考虑特大暴雨和漂浮物的影响，局部河道水流不畅路段应进行疏浚，增设必要的调治构造物。

6.2.4 公路危桥及病隧整治工程勘察设计应在定期检查和特殊检查的基础上，准确评定桥隧技术状况，针对各部件病害成因，按照设计荷载标准与道路设计标准一致的原则，合理确定设计和施工方案。加固项目应按原设计图纸对桥隧结构进行验算，改建项目前期方案设计应选取两个以上方案进行同深度比选。

6.2.5 公路安全保障工程勘察设计应以事故多发路段及事故隐患路段处治为重点，针对整路段中影响交通安全的主要因素及危险等级，综合全寿命成本，选取经济合理的防护形式，积极采用路侧宽容性改善、植物防护等方法，避免侧重被动防护而盲目设防或过度设防。

6.2.6 公路灾害防治工程应按照“安全、经济、耐久、和谐”的设计原则，针对危害公路及其行车安全的灾害进行专项防治，提高公路抗灾保通能力。勘察设计时应对灾害路段进行详细的工程地质调查与勘察，查明地质构造、地层岩性及灾害产生机理；对滑坡灾害应加强地质勘探调查，绘制地质纵断面图，进行相关岩土物理、力学指标试验和稳定性验算；技术复杂的灾害防治工程前期方案设计应选取两个以上方案进行同深度比选，合理确定最优方案。

6.2.7 项目业主应加强设计阶段的质量管理。从勘察设计开始到项目建成，要由专门技术人员全过程介入并组织好勘察设计的审查、复核、优化、完善工作；在项目正式开工前，应组织设计、监理、施工单位对施工图设计全面进行现场核查与技术交底。

6.3 审查批复

6.3.1 勘察设计单位应建立完善内部质量管理体系，严格执行自校、他校、项目组审核、审查室审核、总工程师审核的“两校三审”制，确保设计质量。

6.3.2 设计文件由项目业主（建设单位）初审后报省公路局审查。上报设计审批单位审批时，应提供以下资料：

（1）按规范要求装订的设计文件8套、预算文件4套（含预算数据文件电子版一份）；

（2）设计文件审批请示文件一份；

（3）设计初审意见一份（内容应包括：设计单位资质是否符合要求；是否按照经批准方案进行设计；设计优化及修改意见落实的情况；设计文件内容是否齐全，是否符合公路工程强制性标准、有关技术规范和规程及省内相关设计要求；施工组织及保畅方案是否合理；设计预算与计划投资或前期方案设计估算对比情况，如有较大变化说明理由）。

(4)需要提供的其他资料。

6.3.3 省公路局对上报的养护大中修工程设计文件及相关资料进行符合性检查,符合条件的启动审查批复程序。审查批复实行分级负责制,2 000 万元以下的设计文件由省公路局审查批复,2 000 万元及以上的设计文件由省公路局上报省交通运输厅审查批复。

6.3.4 设计文件由审批单位组织专家和相关部门召开审查会进行审查,对技术方案较简单且投资额较小的项目,设计文件可由审批单位组织相关部门直接审查;技术复杂的设计文件由审批单位委托具有相应资质的咨询单位进行技术咨询后组织专家和相关部门召开审查会进行审查。

6.3.5 咨询单位对设计文件进行技术咨询后形成书面报告上报审批单位,审批单位对设计文件审查结束后形成书面意见反馈项目业主,项目业主对审查意见的落实情况核准后将设计文件上报审批单位进行批复。

6.4 服务与监控

6.4.1 勘察设计单位应在工程开工前对设计文件进行技术交底,配合项目业主及施工单位对设计文件进行现场核查,根据核查情况进一步优化设计。

6.4.2 勘察设计单位应加强后续服务管理,选派负责任的主要技术人员作为设计代表常驻施工现场,及时解决施工中的勘察设计问题,并参加所有隐蔽性工程的中间验收。

6.4.3 对于地质不良路段上的养护大中修工程,勘察设计单位在施工前应配合项目业主做好工程试验工作,验证设计计算中采用参数的准确性。勘察设计单位应及时对项目业主施工及监理单位提出的问题进行研究,提出处理意见或实施方案。

6.4.4 勘察设计单位有权监督施工单位按批准后的施工图设计文件施工,对发现不按施工图设计文件施工的,应及时通知项目业主和监理单位。在养护大中修工程项目正式交付运营后,针对勘察设计质量进行回访和总结,及时协助解决运营中因勘察设计出现的问题。

6.4.5 公路养护大中修工程不得随意改变建设规模和标准,严格按照批复的设计文件及工程内容实施。项目变更遵照《陕西省公路工程设计变更管理办法》的规定执行。符合下述条件可申请设计变更:

(1)不可抗拒的自然灾害等特殊情况确需设计变更。

(2)变更后对工程技术标准(质量)有所提高(改善)或建成后便于养护管理,但不增加工程费用或工程费用增加很少。

(3)变更后不影响工程质量和运营管理服务质量,且有利于加快工程进度或节省工程投资。

(4)按原设计难以施工或难以确保工程质量的工程项目,且能严格控制工程投资。

6.4.6 设计变更执行分级审批制度。变更分为重大设计变更和一般设计变更。重大设计变更由项目建设单位充分论证,报经原设计审批单位认可后方可组织实施。一般设计变更可由项目管理机构报项目业主审批并向原设计审批单位报备。

重大设计变更包括:

(1)工程位置、路线里程调整;

(2)路面结构层增加或减少,路面结构类型及厚度变化;

(3)桥梁、隧道加固维修项目取消或数量减少;

(4)新增桥梁或桥梁结构形式、跨径变化等;

(5)一次工程设计变更增加工程费用(与合同价相比)超过100万元。

一般设计变更是指重大设计变更之外的设计变更。

6.4.7 项目业主应加强工程管理,严格控制工程投资。工程预算一经审批,原则上不得突破。设计变更在预算内需增加的费用,应按照以下顺序列支:

(1)项目实施过程中工程项目取消或数量减少的节余费用;

(2)招标费用中的暂定金;

(3)建安费招标节余;

(4)预备费。

6.4.8 项目业主应建立公路养护大中修工程设计变更管理台账,按月汇总设计变更情况。省公路局将对管理台账进行随机抽查、定期检查。

6.5 责任追究

6.5.1 项目业主及勘察设计单位应对上报的设计文件质量负责,并积极协助配合设计审批工作;审批单位、咨询单位及相关专家应对设计文件的审查批复承担相关责任。

6.5.2 项目业主应在合同中明确勘察设计单位的质量责任,并将勘察设计单位的资信状况纳入信誉评价体系。由于设计质量原因造成变更费用较多,或造成重大经济损失的,应扣减一定额度的设计及咨询费用,并追究相关责任。变更费用超出建安费10% ~15%的,扣减20%的设计及咨询费;变更费用超出建安费15% ~20%的,扣减50%的设计及咨询费;变更费用超出建安费20%的,扣减全部设计及咨询费。已造成重大经济损失的,由设计及咨询单位赔偿一定额度的工程损失费用,并在3年内不得进入陕西公路养护行业市场;后果或情节严重的,将依法提出诉讼,追究当事人的法律责任。

7 施工保障通行管理

7.1 一般规定

7.1.1 公路养护施工保障通行管理遵循统筹安排、分工负责、规范管理、保障通行的原则。

7.1.2 省、市交通主管部门按照职责分工,负责国、省道公路养护施工保障通行的管理工作,具体管理职责由所属的公路管理机构行使。

7.1.3 大中修工程业主、施工、设计、监理单位按照各自职责,承担公路养护工程施工保障通行的责任。

7.1.4 鼓励公路养护施工采用科学方法和先进技术,提高公路养护施工路段通行管理水平。

7.1.5 施工保障通行管理按照《公路养护安全作业规程》(JTG H30—2004)和《陕西省国省道公路养护施工保障通行管理规定(试行)》要求执行。

7.2 保障通行方案的制订

7.2.1 保障通行方案内容

项目名称、工程规模、技术标准、施工期限、施工路段路况、交通量分析、养护施工作业控制区设置、保障通行方式和措施、严重通行阻塞应急预案、保障通行费用,以及保障通行责任人和联系方式等。

7.2.2 严重通行阻塞应急预案内容

应急组织机构及其职责、不同级别通行阻塞应急处置措施、有关单位责任人及联系电话等。

7.2.3 施工保障通行的方式

根据施工路段公路等级、交通量、工程规模、技术状况、时间与周期及通行要求等因素,一般采用半幅通行、便道通行、绕道通行方式。

7.3 保障通行组织实施

7.3.1 各市公路管理局或项目管理机构在编制养护大中修工程招标文件时,应根据批准的保障通行方案,对公路养护施工、监理单位提出保障通行要求。

7.3.2 项目管理机构应成立由项目管理机构、施工单位和路政部门领导和相关人员参加的施工保障通行管理机构,处理日常施工路段的交通管理与保畅。

7.3.3 采取绕道通行方式的,公路养护大中修工程业主应于项目开工前30日,向有关公路管理机构和公安交警部门提出绕道通行方案申请。国道及跨市行政区的省道绕道通行方案申请,由省级公路管理机构和公安交警部门审批并向社会公告;其他省道的绕道通行方案申请,由市级公路管理机构和公安交警部门审批并向社会公告。绕道通行公告应在项目开工前10日在省级新闻媒介和交通网站上发布,并且应连续公告不少于3日。

7.3.4 采取半幅通行的,应严格按照《公路养护安全作业规程》(JTG H30—2004)对半幅通行路段及桥梁、隧道的施工和通行采取必要的隔离措施,配备专门人员指挥、疏导交通,维护过往车辆、行人安全和施工秩序,并按对称的警告区、过渡区、缓冲区、工作区、过渡区、缓冲区及警告区对施工作业控制区进行布置,完善施工路段标志,加强施工现场管理。

7.3.5 便道通行的,要按照技术规范、标准对临时便道、便桥(涵)、半幅通行路段加强日常养护管理,确保通行安全畅通。

7.3.6 施工结束,及时清理现场,尽快恢复交通,并书面通知相关部门。

7.4 人员配备

7.4.1 项目管理单位应根据项目规模,配备专/兼职保障通行管理人员。施工单位应配备专职的交通管理与疏导人员,具体负责施工保畅。

7.4.2 施工保障通行人员应进行培训,熟悉交通管理与疏导业务。

7.4.3 交通流量大的养护大中修工程路段,应提请地方政府暨交警部门协助进行交通管理。

7.5 设备与费用配备

7.5.1 应根据养护大中修工程路段交通状况,配备指挥旗、对讲机等设备。保障通行人员应着醒目服装。

7.5.2 工程设计预算中应列入保障通行专项费用。

8 竣(交)工验收管理

8.1 验收组织

(1)养护大中修工程可实行交、竣工合并验收。

(2)省公路局负责其审批的养护大中修工程及省交通运输厅委托的养护大中修工程项目竣工验收工作;市交通运输局负责省公路局委托的养护大中修工程项目竣工验收工作,验收结果向省公路局报备;各收费公路企业负责其审批的养护大中修工程及省交通运输厅委托的养护大中修工程项目竣工验收工作,验收结果向省交通运输厅、省公路局报备。

8.2 验收时间

养护大中修工程完工运营1年后组织验收。项目业主应在工程验收前1个月内向行政主管部门提出验收申请。

验收单位自收到申请之日起30日内,对申请人递交的材料进行审查。对不符合验收条件的,应当及时退回并告知理由;对于符合验收条件的,应自收到申请文件之日起2个月内组织验收。

8.3 验收条件

(1)合同约定的各项内容已完成。

(2)施工单位按交通运输部制定的《公路工程质量检验评定标准》及相关规定的要求对工程质量自检合格。

(3)监理工程师对工程质量的评定合格,并经项目法人确认。

(4)各参建单位已按交通运输部《公路工程竣(交)工验收办法实施细则》附件2中“公路工程项目文件归档范围”和《关于印发公路建设项目文件材料立卷归档管理办法的通知》要求完成竣工文件编制。

(5)质量监督机构按交通运输部规定的《公路工程质量鉴定办法》对工程质量检测鉴定合格,形成工程质量鉴定报告,并完成质量监督报告。

(6)工程及财务决算已按交通运输部规定的办法编制完成,竣工决算已经审计,并经负责验收单位或其授权单位认定。

(7)各参建单位已按《公路工程竣(交)工验收办法实施细则》附件5中“公路工程参建单位总结报告”要求完成各自的工作总结报告。

(8)由省公路局组织验收的项目省局委托第三方专业检测单位对工程实体质量抽检合格或委派专人现场核查符合验收要求。

8.4 验收依据

竣(交)工验收依据交通运输部《公路工程竣(交)工验收办法》《公路工程竣(交)工验收办法实施细则》执行。

8.5 验收内容

(1)竣工验收委员会由验收组织单位领导与相关部门、市交通运输局、质监站人员和专家组成。

(2)验收由竣工验收委员会主任委员主持。

(3)验收委员会应成立内业、(1个或多个)外业工作小组,负责具体工程内容验收,并提交验收意见。

(4)养护大中修工程质量评定采用加权平均法,其中质量监督机构工程质量鉴定得分权值为0.6,监理对工程质量评定得分权值为0.1,验收委员会对工程质量评定得分权值为0.3(其中省公路局日常检查或委托第三方专业检测单位对工程质量抽检得分权值占0.1)。

工程质量评定得分大于等于90分为优良,小于90分且大于等于75分为合格,小于75分为不合格。

(5)验收应按规定形成竣(交)工验收鉴定书。

(6)验收由项目业主进行验收筹备,并承担相关费用。

8.6 其他

未进行验收或验收不合格的工程不得移交养护,由施工单位承担养护责任。